Premio Nacional de Poesía Tijuana, 2003

CLARIDAD EN SOMBRA

Carlos Reyes Ávila

☐
☐

LOS NOMBRES, LAS PALABRAS DE CARLOS REYES

Marco Antonio Jiménez

La literatura hebrea sigue ofreciendo su vigorosa resonancia. Me refiero a la milenaria que se atrevió a atisbar el rostro, el ánimo de un Dios grave e inabarcable. La poesía bíblica sobrevive como un poderoso río de inspiración en nuestra cultura secular, profana y posmodernista. Esta apreciación me lo confirma Claridad en Sombra, el libro excepcional de Carlos Reyes Ávila.

Desde su inicio, el poemario nos invita a una travesía intensa, una inmersión libre en el espacio enigmático de la Kabalá, el documento que cifra la versión mística del judaísmo. El libro de Reyes abre con una imprescindible cita, sin la cual es difícil comprender y disfrutar parte del sentido de Claridad en Sombra. La cita es tomada del libro más importante de la Kabalá, el Sefér Yesirah, que puede ser traducido como el Libro de la Palabra, o de la Luz, o de la Luminaria:

Veintidós letras fundamentales. Él las estableció, grabó, agrupó, pesó, e intercambió y formó con ellas toda la creación y todo lo destinado a formarse.

A partir de estas palabras de inmensas posibilidades artísticas, Carlos se dispone a ofrecernos talentosamente su versión del comienzo de las cosas, del origen de los sonidos y los seres que nombran y enlazan al mundo. De verdad que la empresa no le quedó grande a nuestro autor: entrega un libro bello bajo el signo de la sutileza y la intensidad.

Reyes propone un personaje múltiple que nos llama a participar en la creación poética del universo a partir de ciertas letras primordiales. Y los lectores le entramos al juego invocando talentos indispensables para tal empeño: la inocencia cómplice, la apertura al hallazgo múltiple del ritmo, la sensación, el enigma.

Carlos Reyes Ávila se dejó inspirar por la misión portentosa de la Kabalá: descifrar los designios divinos que están ocultos en las combinaciones numéricas de las letras del Antiguo Testamento. De acuerdo con la cabalística, nada de lo que está escrito en la Biblia es al azar: tiene una estructura numérica que contiene los verdaderos mensajes o significados de la Palabra Divina. Las letras en Hebreo son números. Hay que saberlos contar y cantar. Para la sensibilidad de Carlos Reyes fue fácil concebir este libro temático, pues encontró puentes muy transitables entre la Kabalá, uno de los más creativos sistemas místicos de la humanidad, y la poesía, que ante todo es desciframiento apasionante de signos.

El resultado es un libro pulcro, límpido, que nos anima por la calidad de su imaginería. Para Reyes la poesía es expresión y experiencia condensadas, por eso no hay excesos en la construcción de sus poemas. En ellos están reunidos los materiales justos, las entonaciones precisas: imposible encontrar líneas ajenas a la belleza, a la revelación de la imagen:

Los nombres son los ejes
sobre los que reposa el mundo.

Columnas transparentes
a la orilla de las horas.

Espejos de ciudades:
claridad redonda

Siglos envueltos en llamas:
tigres que se desgajan

La de Reyes es una voz refinada, que practica el arte del reposo y la pausa: sabe respirar con dignidad el aliento más sagrado. Sus piezas verbales son creaciones diáfanas, diseñadas para ofrecer conocimiento y disfrute. Y es que uno de los rasgos apreciables de este autor es la impecable destreza con la que maneja el lenguaje poético. Desde el primer texto del libro adquirimos una certeza que se va confirmando en el trayecto: estamos ante un auténtico escritor, es decir alguien que domina espléndidamente su oficio. Reyes no nos engaña ni se engaña con facilismos ni improvisaciones, su voluntad creadora está animada por el rigor, el respeto, la disciplina de quien conoce y ama su artesanía:

Leto y María dan a luz bajo una palmera.

Enciende el árbol la emoción
Cae de bruces el encanto

Una palmera de dátiles amamanta
Con su sombra el milagro de la creación.

Se revierten las horas en el afán de los ocasos.
Crecen los misterios en las ubres del desierto.

El autor sabe cuidar su voz como quien cuida un jardín: no cede a la tentación del florecimiento verbal a lo silvestre. Al lector nos da el privilegio de habitar sus poemas con la certeza de estar en espacios que han sido dispuestos y fecundados a plena conciencia. De ahí que sus poemas, sus habitaciones, sean tan fértiles, germinaciones de lectura inacabable.

A cada mujer le corresponde un árbol

Un racimo de uvas para embriagar la aurora,
Una copa limpia que ofrendar

....

Muere de sed el mar en otras ánforas
Así que ven mujer
Con el nombre que prefieras

Y embriágame luna en tus orquídeas
en tus jardines de hielo. (36).

Claridad en sombra es un libro que reflexiona sobre el lenguaje. Pero su reflexión se distancia abismalmente de las arideces del discurso lógico disfrazado de poesía. A Reyes lo mueve el gozo de deshilvanar el texto -el lenguaje- que llevamos brutalmente impreso, para devolverlo a su condición primigenia: el canto. Sí, al lenguaje hay que extraviarlo para reencontrarnos en estado creativo, de asombro y éxtasis. Si una de las raíces de la palabra texto es tejido, pareciera que Claridad en Sombra más que tejer el mundo, -iniciarlo, nombrarlo- desteje la urdimbre envejecida: propone la renovación de la trama cósmica por la vía rítmica de los signos: la inventiva verbal.

En el ánimo de Reyes no está la experiencia mística, no lo desvela la celebración de lo divino. Afirma su sensibilidad secular, contemporánea, al servicio único del poema y la belleza. Esto le permite discurrir con libertad y displicencia en el tema sacro elegido. De inmediato irrumpe en las páginas una sensualidad intensa que se distancia discretamente del espíritu, para así dignificarlo.

Nombro la luna
y brota un arbusto del sexo de Dalila:

Anhelada luz simiente, manantial de dicha,
Sombra amiga de todas mis tardes

Un pájaro cruza el canto de los días
Como si se tratara de tu cuerpo

....

ah, la luz se asoma por tus pliegues
La mañana anuncia tiempos de esperanza

Su erotismo no abreva en el poeta sálmico que emplea las imágenes de la carne y los sentidos exaltados para recrear el amor divino. La propuesta de Reyes está fuera de la unión o confusión del lenguaje profano y religioso. La erótica de Claridad en Sombra tiene que ver sólo con los disfrutes sensuales, las delicias terrestres, porque es ahí donde surge el lenguaje: el único cuerpo que posee el placer propicio a la invención de los nombres del mundo. El suyo es un erotismo suave, transparente, donde las palabras se purifican y los sentidos son vehículos de ascensión:

Dalila escribe en el cuerpo su propia Biblia:

Exudan salmos y proverbios de su amante piel
Ella ha nacido para fecundar el alba
Y en su beso labra los augurios de los campos.

El sol crece en su sonrisa

Las hojas de los árboles pronuncian su nombre (20)

Otras líneas:

Nombro la flor de su sexo
Y una mariposa alza el vuelo:

La mañana hace nido en su nombre
A la orilla de su voz se detiene un pájaro a cantar

Porque en su cuerpo se consagran las edades,
se enlazan los jardines.

Si el universo fuera creado a partir de cómo Reyes combinó las letras y las palabras de este poemario, sin duda viviríamos en un mundo más ambiguo, pero más intenso, iluminador, más proclive a la revelación del instante eterno: la belleza.

El libro posee también una encantadora galería de místicos a quienes les brinda homenaje, así como una profecía breve que, como toda que se respete, es críptica y catastrófica. En suma, celebremos que un joven autor lagunero haya escrito un poemario inteligente, múltiple, rico en vertientes e implicaciones. Sostengo, sin temor a equivocarme, que Carlos Reyes es un poeta central en la nueva literatura coahuilense.

"Veintidós letras fundamentales. Él las estableció,
grabó, agrupó, pesó, e intercambió
y formó con ellas toda la creación y
todo lo destinado a formarse".
SÉFER YESIRAH, 2.2

☐

(Por si acaso...)

He aquí el Poeta de los Presagios:

Doy la cara y en mi defensa, dejo como ofrenda muda
estos 47 bonsáis de hoy para después. Arguyo la astucia
del cielo azul, y el discernimiento posterior que evacuará
los ciegos índices, como la manifiesta ilusión que
incesante brota de las fuentes.
Por lo demás, aclaro la página hundiéndome
en el Krater del Poimandres...

                              ...elucubrando la palabra

□

[PUNTA DE LÁPIZ EN RISTRE]

Los nombres son los ejes sobre los que reposa el mundo.
Columnas transparentes a la orilla de las horas.

Espejos de ciudades:
claridad redonda

Siglos envueltos en llamas:
tigres que se desgajan

¿Las horas tienen rostro
o es sólo el nombre delineándose?

Presencias circulares van directo a la memoria
y levantan la arquitectura de la ciudad
pero más allá de los jardines la identidad
celebra su danza puntual

donde se deshojan pájaros y las ventanas
enamoran sonámbulos relámpagos.

Una fuente se desangra
es el sol con sus uñas largas
es el diluvio del silencio
mostrándonos el envés de las palabras.

ALEFANDRÍA

[agua insuperable de hoy para después]

☐

☐

[ALEF]

Escribo con dedos de agua
a la mujer que dará vida al hombre
con vocación de transparencias:
la mujer que vendrá a fecundar la llama
y de a luz los ministerios
de la lengua.

Le daré por nombre Dalila
y la haré con el légamo ternario
de la vez primera,
para así contar la historia
de las siete columnas de agua
de su comunión

con el lúbrico aceite de cada noche
para que entrambos den vida
a la palabra, para que canten la historia
del árbol hermafrodita. El ciprés
que enciende las pupilas
de un incendio y sostiene el mundo
mientras lo nombra.

Éste es el día de los nombres:
las simientes de la historia,

el destino oscuro
de la flor de los presagios.

Como viento aciago
vuela una esperanza en flor.

□

[GUÍMEL]

Nombro la luna
y brota un arbusto del sexo de Dalila:

Anhelada luz simiente, manantial de dicha,
sombra amiga de todas mis tardes.
Un pájaro cruza el canto de los días
como si se tratara de tu cuerpo,
miro tu ombligo para conocer la aurora
y me envuelvo en el sonar de un río
que desciende por tus senos.

Ah, la luz se asoma por tus pliegues
La mañana anuncia tiempos de esperanza.
□

[HE]

Encontré la luz gorjeando en las ramas de un árbol

: luego el sutil roce del olvido y las prematuras horas
anunciaron el aullido de los días

El silencio vino a despedir la canción
del agua:
Un vientre dando a luz
en la palma de un milagro

Se nombraba entonces lo innombrable
la asesina ilusión venía cubierta
de salvajes adjetivos

Amaneció en un llanto,
en un aullido,
y el varón vino a criarse
entre los gritos.
□

[ZAYIN]

Todos los opuestos son de Dios
y Dios es uno

: un espejo que se ve de frente en otro espejo

Me reconozco en todos los rostros
porque soy idéntico a todos los hombres

Gemelos soy
Soy Logos y Eros
Soy Rómulo y Remo fundando Roma
Soy Cástor y Pólux en la noche
de todos los cielos

Tengo un pie en el aire y el otro es un árbol
Soy la conciencia del otro
: la revelación
: la claridad
□

[TETH]

Entregan las aves su canción al alba:
luego la negra llama del ciprés se enciende
y en cada ojo encontramos la luz mordiendo
los misterios

(Dios se esconde en su propia sombra)

Hace falta entonces la oscuridad
de las horas y la decencia del abismo
para descifrar los alfabetos.

Los ojos de la espera caen
al fondo de la tarde
pero ya luego es muda la sorpresa.

Hiriente la palabra
se reproduce
en un tibio y verbal aliento
que aún está por definirse.

☐

[KAF]

Dalila escribe en el cuerpo su propia Biblia

Exudan salmos y proverbios de su amante piel
Ella ha nacido para fecundar el alba
y en su beso labra los augurios
de los campos

El sol crece en su sonrisa
Las hojas de los árboles pronuncian su nombre

Dos espinas son sus ojos en que sangra
mi ternura.

¿Nacerá la aurora
        a la orilla de su canto?

□

[MEM]

Nombro la flor de su sexo
y una mariposa alza el vuelo

La mañana hace nido en su nombre
A la orilla de su voz se detiene un pájaro a cantar

porque en su cuerpo se consagran las edades
y se enlazan los jardines

Hago un hueco con mis manos
y le guardo sus deseos

Tiembla la luz al verse desnuda
en los ojos de Dalila

☐

[SÁMEK]

Clarea tu cuerpo el horizonte

El mundo se sorprende cuando te visto
de una nueva desnudez
: la de mis manos

Las líneas de tu cuerpo dan cauce a un río
Susurra el cielo un ave matinal
Tu vientre es el perfecto acorde

Entre tus piernas se incendia un fresno
De tu aliento brota un viento cálido
que dirige las oraciones

En ti no existe la noche
En ti la muerte no se encuentra

Meces el pasto al ritmo de tus pies desnudos
Crecen auroras cuando te haces
de agua
Eres el alimento primordial
y decir tu nombre
Dalila
es ya haberlo dicho todo

[PHE]

El sol en su transcurso miente

El invernal reposo cubre de intuición los oros
mientras deja de lado las hojas
para ofrendar sus llamas.

La desnudez era un secreto a voces:
la enseñanza oscura de los sin voz.

Luego llegaron las fundaciones
y la intrínseca voluntad
de las gaviotas.

Los robles se yerguen firmen
despertando al mundo en su descenso.

Abreva la sangre en un rumor pionero

Revientan los océanos
en las tradiciones de la llama.

☐

[QOF]

Para comprender el silencio
le mostré a mi alma algo que se callaba
: la desnudez de Dalila liberándose
del árbol

Ahora sólo quedaba el frágil disimulo
en la fiebre cardinal de los espejos mutuos

Todo era transparencia y claridad
al ver que el ciprés no había desaparecido
sino que había mutado su belleza
en ese encarnado grito que era Dalila

Espejeando en la eternidad
ascendía la fiebre
como el ahogado grito
de la aurora

Aves meridianas
brindaban el revolotear de sus notas
Hubo entonces una delicada pausa
que ya no cabía en el tiempo ni en el espacio

En el silencio la palabra fundó su reino

[SCHIN]

La entraña herida, rota en verbo,
es la palabra que comprende
e inventa el mundo

Vi cómo el árbol ya no conducía el asombro
y las femeninas formas de Dalila seducían el campo

La raíz a cada instante tomaba
la forma de la cruz en agudos misterios.

El mundo debajo, anhelante
coronaba la inquietud de la sangre

Como manto de fondo y por encima
de las oraciones el arco iris silbaba
una delineada nota policromática

La esperanza en el asombro
vertía gotas de tinta y sangre

El paso estaba dado
Dalila presagiaba
la ruptura del silencio.
☐

REZOS QUE LUSTRAN ALBAS

☐

☐

[EL ÁRBOL Y LA CRUZ]
Sobre el bautismo de la humanidad

La madera de la cruz resucita a los muertos:

       bien lo sabías, Adán,
tú que a tus 932 años de vida en Hebrón
y a punto de morir, enviaste a Set, tu hijo,
a pedir el aceite de la misericordia.

El arcángel le aconsejó
mirar tres veces el Paraíso
y la primera vez vio los cuatro ríos
junto al árbol seco.

La segunda observó cómo
la serpiente enrollaba sus ansias
alrededor del tronco.

La tercera
cómo el árbol se elevaba al cielo y
en su copa alumbraba un recién nacido.
Los ángeles anunciaban la redención.

El arcángel entregó a Set tres semillas del árbol fatal

que habría de sembrar en tu lengua
para ayudarte a bienmorir.

Entonces sonreíste por vez primera
desde tu expulsión del Paraíso,
pues sabías que el hombre sería salvado.

A tu muerte surgieron de un impulso
tres árboles en Hebrón hasta tiempos de Moisés,
el cual sabiendo todo, los condujo al monte Horeb
donde se fundieron en uno solo.

De ese árbol se hizo la cruz del redentor
quien a su muerte vertió gotas de sangre
en el sepulcro de tu cráneo
y te bautizó, Adán,
como el padre de la humanidad.

☐

[LETO Y MARÍA]

Leto y María dan a luz bajo una palmera.

Enciende el árbol la emoción:
cae de bruces el encanto.

Una palmera de dátiles amamanta
con su sombra el milagro de la creación.

Se revierten las horas en el afán de los ocasos.
Crecen los misterios en las ubres del desierto.

El día se escapa.
El sol es sólo un acontecimiento noble.

□

[ÁRBOL DE AGUA]

Árbol de agua, río sin edad: Soma

Árbol soporte:
círculo sin sombra

Milagrosa flora
fuente o arroyo, sea.

¡Ah!
La revelación:
Un rayo nombra
las calamidades
y las aguas vuelven a su cauce original.

☐

[ÁRBOLES Y ÁNGELES]

Los ángeles son seres de moral dudosa:

ocultos en los árboles
anuncian las causas,
es por eso que al meditar
frente a un árbol los secretos se revelan.

Detrás de cada flor, los ángeles,
asumen rigurosas formas
con todo y sombra.

Depositan en cada vuelo de ave
una oración temprana
una sombra vertical
que habrá de postrarse
en el encanto del jardín.

Se dice que la luz puntual
dirige
el recorrido de alas
entre el junco y el ciprés,
pero es el brote de agua el que vierte
los anhelos.

Sucumbe la mañana
en el preciso instante de las comuniones.

[ÁRBOL DE SANGRE]

Donde caen los héroes brotan rosales:

es la sangre anónima
la que levanta los furores, el azogue máximo
entre venas abriendo cauces.

El religioso afán por ver la aurora en la batalla
porque el árbol es la condición del hombre
en el mundo.

Yergue la rosa sus espinas
como inequívoca señal de las mutaciones,
engendrando vastos campos
de nostalgias
como referencia
a un perdido paraíso.

☐

[PAN Y EL ÁRBOL]

Tus semillas la simiente de Pan:

Árbol que todos llevamos dentro
como memoria del olvido,
en tiempos de celebradera.

Alza la música su canto de aves
y la persecución anuncia
que hemos de brincar
los cauces primigenios.

Es condición del hombre
beber del agua que no redime

Aguar las horas,
honrar el agua,
hasta que planta sea.
□

[SABITU]
Mujer del vino

A cada mujer le corresponde un árbol:

Un racimo de uvas para embriagar la aurora,
una copa limpia que ofrendar

y es que en tierras áridas tras cruzar
los círculos concéntricos de la sed
Sabitu no es otra
que Calipso en el Omphalos.

Muere de sed el mar en otras ánforas
así que ven mujer
con el nombre que prefieras

y embriágame luna en tus orquídeas
en tus jardines de hielo...
□

[CRISTO Y LA VID]

El árbol de la ciencia era una viña:

una aguda sugestión del alba:
una oración bien puesta en la frente de la luz:
un inagotable anhelo en medio del paraíso

donde predomina la desnudez
(donde no hay vestido no hay desgaste)

Se dice vida como
se dice Cristo
se dice Cristo
como se dice vid.

☐

[ROBLE ORACULAR DE ZEUS EN DODONA]

Norte y sur:
un anillo donde maduran laberintos.

Diálogo cardinal con fiebre:
La tarde está ebria de inmensidad.

Desnuda:
La marea es un lenguaje matutino.

Revelación presentida:
quietud perpetua que alumbra las visiones.

☐

MUTUO ESPEJEO

La mente es una forma sutil de la materia

La materia es una forma burda de la mente

Una piedra sin piedra lanzada desde lo hondo

El espíritu encarnado después del parto

Jeroglífico crepuscular en giros de canción

Claridad del alba en el aullido

Herida anónima en la piel de los misterios

Cicatriz nombrada en la revelación

Me desdigo desde estas líneas

Me nombro al guardar silencio

Y me afirmo en su silencio

Y me niego en la palabra

Oculto las posibles traducciones

Revelo las claves

Me trago mi propia lengua

Mi propia boca me devora

Y renazco en mi saliva

                    Y muero mientras canto

Agua que no he de poder nombrar

                    Aceite que de inmediato nombraré

Círculo agónico anterior a la luz

                    Cuadrado en pie: posterior a las sombras

□

TERRIBLES HEMBRAS: PALABRA DILUVIANA

☐
☐

RESPLANDOR SOLAR DE LA COMPRENSIÓN DORADA:
Suspira su vientre en la palma de mi mano.

Los ríos parpadean y estallan las edades:
Entre sus labios no existe el tiempo.

El alba es un puente, una puerta:
Por su espalda se desliza mi nombre.

El sol se observa en su sonrisa:
Una balanza son sus senos.

La claridad se descifra a sí misma:
En su ombligo nace la escritura

Las presencias sólo son posibles en las estaciones:
Todos los siglos caben en este instante.

☐

QUE ME QUEDE MUDO, DALILA
si no puedo abrir a mordiscos tu sudor,
si encajando el diente no puedo
en tu sangre tatuar mi nombre.

Que me quede ciego, Dalila
si al levantar tu vestido no hago
crecer la mañana,
si tocando tu piel no logro

encenderte el pensamiento.
Hoy hablé con tu cuerpo
y por fin supe mi nombre.

Dibujé tu ombligo
en la bandera de mis sueños
y bajo tu corpiño encontré
hermosos caracoles.

Le pregunté a tu cuerpo
por el origen de mis deseos
y me recitó un versículo
del Eclesiastés:

"Todos los ríos van al mar
  y el mar nunca se llena"

Así es la Bienamada

□

SÉ MÁS DE TI POR LO QUE CALLAS
que por lo que dices, Dalila.
Detrás de tus ojos encuentro una llama
que me dice todo eso que no me dices.

Sé bien que no hablar es parte de tu mundo.
Vives porque callas
eres sólo un punto de existencia,
casi como referencia
al paraíso de un mundo paralelo.

Por ti me juego la vida a cara o cruz,
porque este río amoroso
está lleno de esa agua que es tu nombre,
porque esta amante canción que soy a veces

surge de esos labios que eres tú.
Digo yo y eres tú,

porque la música que hace latir este corazón
seguramente en otro lado la pronuncias tú.
Como el ave es parte del canto
y de la luna la noche como una canción

de la misma forma, Dalila
digo yo: hieres tú

Te regalo esta oración
para que la guardes debajo de la lengua
o detrás del corazón
como tú prefieras.
Escribo esta línea
en el costado de tu nombre
y digo:

Dalila simplemente transcurre
Dalila es el tiempo
su ritmo propio
su vibración, su intensidad.

Dalila es su cronómetro
Dalila se mide en sus propios pasos
Dalila es como algunas realidades:
Indescifrable

Dalila es transitoria
momentánea
Dalila es un acuerdo
de permanencia instantánea.

Dalila se escribe
en las líneas del agua,
puedes palparla mas no decirla.

Dalila es un estado
un transcurso,
un parpadeo, una pasión.
Más allá de su nombre

no existen realidades habitables
su mismo nombre se desmorona
al pronunciarlo.

Como el tiempo, Dalila
a nadie perteneces
ni posees:

así el amor.
□

CONTESTATARIA, revolucionaria
aguja de amable dolor,
en ti todo comienza todo termina,
porque en ti es todo lo que es,
sin ti nada llegaría a ser.

Eres el movimiento
y la calma tan ansiada del movimiento,
el silencio que sustenta la palabra,
la blancura de mis negros intentos
por describirte.

Melodía tu cuerpo,
blues,
murmullo,
cítara que a la vez cura y duele.

En ti que eres religión en cuerpo y alma
en ti que eres espejo transparente
en ti me encuentro con raíces líquidas,
porque tú eres tú cuando estás aquí
e incluso más cuando te alejas
porque aunque te quedas en mi memoria

te llevas algo mío que nunca
ha de volver,
entonces se hace más intenso tu perfume

y me vuelvo más sensible

a la distancia de tu piel.
Porque te vuelves la medida de mis labios
que te buscan en todos los labios del mundo
en una búsqueda inútil, porque aunque saben
que nunca han de encontrarte te buscan,
y al no hallarte hacen más presente
el recuerdo tuyo.

Señora policromática,
eres la soledad más nocturna que ilumina
a aquel que sabe encontrarte
en lo más profundo de sí mismo,
y tu vida, tu voz, tu luz
en un hombre como yo
no termina

sino que apenas comienza.

ELLA ES EL UMBRAL
su mirada fija vértigos.

Detrás de sus labios
hay una voz que nadie escucha.
Por sus párpados se esconde el secreto
de algunas noches.

Muerto,
deambulo por su rostro,
me levanto para llevarle serenata,
le escribo en el pecho una canción
para ayudarla a bien dormir,
cierro sus párpados

y dejo caer un beso sobre ellos
para que vea por dónde anda
mientras sueña.

Ella es la luz anhelada
del insomnio, pasajera sombra
hermana de mis noches.

Duerme,
Dalila, duerme,
que estaré despierto
hasta que el sol te tome de la mano.

LA NEGRA LLAMA DEL CIPRÉS

[légamo del aceite anterior]

☐
☐

[BETH]

Renueva la luz sus vástagos:

porque al fondo del lago
las brújulas desorientadas corroen el espanto
y la canción esdrújula canta lento
al oído de su madre,
su madre, la mejor boca del día
pues en su vientre
reproduce los milagros laicos
que el poema aun no consigue.

La tibia brisa cae de bruces
sobre dos de sus sílabas blandas.
Agua y aceite, lentos se conjugan
en un ardor semejante
a los misterios.

Cae vertical la palabra luz
como un ave que vuela
hacia sus propias alas
El pretérito árbol de las sombras
otra vez acude y de su fruto emerge
el exquisito manjar.

Un natural siglo de desesperanza
rota en sentido opuesto a la página
como lengua de mujer
cumpliendo los designios de Dios.

Desciende la palabra
y el cuerpo encuentra cabida
en el habremos con los muertos

¿No es el cielo un mar?
Que la lluvia aclare esta página.

□

[DÁLETH]

Vi de cerca el despunte de la luz:

Fue entonces cuando una lluvia de vocablos
ahogaba mi garganta como distraída voz
expulsando los negros mares.

Alguien dijo: ¡Hágase la palabra!

Abracadabra:
El esperanto de los dioses.

Con hielo y fuego las columnas de Babel
fundaron el entusiasmo.

Era sólo cuestión de transparencias
y la claridad creaba letra a letra el universo.

Ya el mundo me pertenecía entonces
pues me encontraba separada de él.
Sólo restaba la conquista por la palabra
y el aullido en la batalla

En el olvido encontré mi nombre.
En la memoria aprehendí mi rostro.

[VÁU]

En delicados campos me harás yacer:

Escribirás mi nombre en aguas dulces,
andarás por mi rostro como por el pasto
y te detendrás a descansar en mis labios
porque tu espalda será el lenguaje de los barcos
que se desgarran en el crepúsculo.

Entre mis muslos se anclará tu deseo
y encontrarás la inmensidad
al dibujar la luz
en el hondo delirio de mi carne.

Desnuda,
tus latidos son una furia:
la estación anterior a lo indescifrable.
□

[JETH]

Ardes como un milagro   Dalila:

Porque eres plena como la virtud matinal
como una sonrisa cruzando el amanecer.

Te llamas fuego y de tu vientre brota esperanza.
Te llamas agua y entre tus labios se esconde la noche.

En tus ojos los campos se desnudan.
Entre tus senos cabe completo un incendio.

Anda el río sin rumbo dibujando tus precisas formas,
porque eres Dalila y eres amante,
eres la amante luz sembradora de insomnios.

Eres por dentro y por fuera,
porque eres la flor de los cuatro vientos
y ya decir de ti los nombres, es fraguarse
en la infinita repetición del número.
□

[IOD]

Escribo la palabra luz
en la comisura de sus labios:

El mediodía sostiene su sonrisa
como si fuera una palmera.

Su voz contra mi piel se estrella

Saco la mano de mi corazón
la abro
y empieza a cantar.
□

[LAMED]

Como la herida que en la cicatriz funda su esperanza:
El rostro primigenio se unió a las sombras
hasta encontrar la luz.

Abrigaba mi vientre al hijo pródigo,
el argumento de los dioses y las pruebas del espejo.

El dominio era sólo cuestión de manejar internos mares,
(precisa ola en su cadencia)

Reventar la noche del silencio y amanecer con labios
densos,
cargados de especulaciones libres.

Herida la lengua y los labios,
crecía esa ansiada flor
que vino a desempolvar la aurora.
☐

[NUN]

La caricia se hunde en el deseo
Habita transparencias, confronta realidades:

Anda, mujer, recorre esta ilimitada vereda
que soy a veces al verme en tus ojos reflejado.
No digas que no, porque amante eres y lo sabes.

Desnuda eres luz.
Tus ojos son albas que tienden cantos.
En tu piel nacen amantes milenarios.
En tus besos se escriben versos.

Te estima la noche, Dalila,
amiga de este ardor que soy
cuando no estoy contigo.

En la maravilla doble de tus piernas
buscamos galopar y ahogarnos,
buscamos ser prisa sin nombre,
ni destino.
En ti aprendo a ser incendio en el crepúsculo
dejando el alma en cada frase.
En una canción puede tocarse tu alma,
pero es sordo el instante presuroso.

Déjame de tu boca respirar   Dalila
Tú que eres llama, que eres incendio
que eres el claro ensayo
de esta amante luz.

☐

[` AYIN]

Ayer los jardines eran el único canto entre nosotros:

Entre fresnos y abedules corrían los rumores
de un grato amanecer que caía de bruces
por las amantes veredas del encuentro.

Elucubrabas las distancias cuando
un ademán del destino te alcanzó
en las pupilas del hallazgo.

Era la preñada redondez cuatro veces vuelta flor.

Besaste la corteza de mis labios
y al sonar de un ave matinal
escuchabas como corría el agua
de los cuatro ríos
de las cuatro montañas.
Se unificó mi emoción
en un espasmo elíptico y pendular
☐

[TSADE]

Geógrafo del alba:

Debajo de mis párpados
habita un sueño que te nombra,
pero mi sueño nunca duerme,
o aclara tu piel dormida
y me desvela.

□

[RESCH]

Florece la herida, nace la palabra:

He dado a luz al varón
que en el tiempo tatuará mi sombra

(maternal entrega de la palabra)

Se sueltan las distancias
y la calamidad sucumbe ante
el preciso roce de la audacia.

Se crean los pastos
para encontrar su aurora.
Se dibujan tiempos
que hemos de habitar.

Mi cuerpo pontífice entre las edades:
Testimonio de la historia.
□

[TÁU]

Como dejarse llevar por la siega
en tiempos de abedules,

donde los misterios se arrastran
debajo de sus propias sombras.

Hay algo más en el arrebato de este aullido.

Lenguas pontífices conducen la aurora
mientras el vendaval acude con otros nombres.

El viernes eterno en la memoria
conjurando telúricas creaciones.

El grito sonámbulo encauzándose en los bosques,
donde aves anidan sus propias pulsaciones.

La visión de la sangre.

El comienzo de todos los comienzos.
Un zumbido reventando tímpanos.

Hoy la creación
tiene entonces otro nombre

y todo lo dicho anteriormente carece de valor.

☐
☐

KRATER DEL POIMANDRES

- ☐
- ☐

[MARÍA LA JUDÍA]
Un oscuro amanecer

A veces la lluvia vive entre mis labios
a veces el sol nace entre mis muslos:

en la alquimia de los días
desbordo las pasiones de los credos
y con mi piel envuelvo
el deseo de los hombres.

En el regazo de la santidad
un viento ácimo
me esculpe,
a mí,
María, la judía
amante de la vida,
de su lado oscuro.

Yo que vengo
a levantar incendios
para forjar crepúsculos
Yo
que he tendido
mi vida sobre los abismos
del anonimato

yo que he corrido
en dirección contraria
a las edades
sin temer las culpas del engaño

Yo,
María,
sí, la judía
la que de cerca
conocieron
sólo unos cuantos
mientras todos me nombraban.

Aquella a la que desearon
en las horas frágiles aquellos
mismos que me condenaron a vivir en la
anónima sociedad de los sueños

Sí, yo, la primera
gran Maga de la noche
la poseedora
de las esferas cósmicas.

Yo que fui
cada mujer acariciada
por el viento de las aves mudas.

María
de día o de noche,
judía por las oblaciones,
me despido
llevándome entre los labios
  este oscuro amanecer.
□

[JOAQUÍN DE FIORE]
La tradición de la ruptura

Sólo en la oscuridad están los dioses:

Año de 1135 en Calabria y el alba anuncia
tu nombre con el estruendo de las horas mansas.

Dicen que lloraste en el vientre de tu madre,
que por eso conoces como nadie
la caligrafía del mañana.

Luego vino el viaje a Tierra Santa
y el monasterio benedictino de Corazzo
hasta convertirte en Abad.

A tu paso cruzaron respetables hombres
como Ricardo Corazón de León
a quien anunciaste
el nacimiento del Anticristo.

Eras de todos y de nadie
por tu notable interpretación de la Escritura,
pero no dejaste que te llamaran profeta
y únicamente admitiste

el don para descifrar los signos que Dios
puso en el Evangelio y la historia.
Revelaste el momento de tu iluminación
en la vigilia de pascua y en Pentecostés.

Anunciaste
tu doctrina de la Trinidad
y los clérigos te condenaron.

Te atreviste a defender la aurora
de tus visiones y proclamaste
que los sacramentos
dejarían de ser indispensables
en la edad del Espíritu Santo.

Te nombraron hereje
y para el papado
dejaste de ser persona grata,
mas no dejaste de contar

con admiradores como Dante
quien en su Paraíso
te presenta.

Fuiste Joaquín,
el primer ejemplo
en esta ya fortalecida

tradición de la ruptura.

☐

[AL- HALLÂJ]
Los grados de la distancia

Dios ha hecho que os sea lícita mi sangre
no hay en el mundo deber más urgente
para los musulmanes que darme muerte.

Por amor a Dios,
busco la reprobación
de mis correligionarios,
y es mi deseo
ser encarcelado nueve años
para después ser ejecutado.

Ahora que mi espíritu
se ha mezclado al altísimo
como el almizcle al agua,
igual que el vino con el agua pura,
lo que importa es que el Único

me reduzca a la unidad.
Yo que he sabido practicar
los grados de las distancias
para convertirme en
"aquel a quien toda cosa obedece"

porque todo acto mío es un acto de Dios.

[a partir de las palabras del propio Al- Hallâj]

[FÁTIMA DE CÓRDOBA]
La toda frescura de ojos

Una luz hace el camino:
Es la toda frescura de sus ojos.

Es el nuevo canto de los ángeles,
un himno femenino

Una coránica alabanza
con nombre de mujer

Más presente y viva que la aurora
se eleva entre los muertos:

Fátima de Córdoba.
□

[PICO DELLA MIRÁNDOLA]

Oración por la dignidad del hombre

Yo

Pico della Mirándola

a mis 23 años

reto a los interesados

al debate público

para defender 900 tesis

de autores griegos, romanos,

árabes y hebreos

con el dulce afán de la verdad

aunque el Papa Inocencio VII

tenga aun mis huesos en la cárcel

y de mí no se sepa más

que lo que la voluntad de Dios

permea en la historia.

□

[DJALÂL-OD-DÎN RÛMÎ]
El artífice de la desgracia

De poesía, música y danza
se nutren mis pasiones.

El cosmos gira en torno a mi oración
y yo bailo
fuera del monasterio en Bagdad.

Otra es mi ruta al cielo.

Entre el pueblo
mis puertas se abren
se dibujan en sus rostros
los sabios mapas.

No hay que tener
ojos para ver, para ascender
de lo enfermo a lo más enfermo
y recuerda que si en este momento
crees no tener defectos
te convertirás de inmediato
en el artífice de tu propia desgracia.

[sobre un poema de Rûmî]

[SIMÓN EL MAGO]
La prostitución sagrada

¿Qué mejor título para ti,
que el de "antepasado de todos los herejes"?

Brindo
a tu nombre, Simón Magus,
primer hereje,
después de que te proclamaste:
La potencia de Dios
que se llama grande.

Ahora que recuerdo tu encuentro
con el apóstol Pedro
cuando entre la multitud anunciaste
tu ascensión al cielo y la oración
de Pedro que provocó el descenso.

Luego descubriste
a Elena
en el burdel de Tiro
a la que tus discípulos
consideraron
la última y más estragada
encarnación

del pensamiento de Dios,
la llamada ennoia,
a quien convertiste en
la mediadora
de la redención universal.
Porque la unión del Mago y la Prostituta
no es otra que la unión de Dios
con la sabiduría divina.

Brindo porque resucitaste la leyenda de Fausto
 — arquetipo del mago —
cuando fuiste conocido en Roma
como Faustus, el favorecido, y porque
tu mujer no podía ser vista como otra
sino como
Elena de Troya.
□

[ANTONI GAUDÍ I CORNET]
La consagración del espacio

Me despido del mundo llevando la tarde a cuestas:

y sé que hablarán de mí
los espacios que una vez logré en lo oscuro.

Yo, Antoni Gaudí i Cornet
desconocido conocido
venerado y vilipendiado
elevo esta magnífica plegaria
sobre la arquitectura del perdón
hasta las habitaciones de los ángeles.

Ábreme,
Señor tus brazos,
acepta a este hijo pródigo,
descarriado,
altanero y pretencioso,
artista del espacio
Acepta a este pobre viejo
que los taxistas miran con desprecio
mientras paladean mi nombre
frente a la inconclusa Sagrada Familia,
Palacio,

Templo,
Centro del mundo:
La misma casa de Dios

que ahora acoge mis restos
y me recuerda que el hombre
desde la cuna construye
la tumba
y la puerta por la cual
logrará el ascenso
a tu gloria,

Señor.
□

VÖLUSPÂ

Predicción de la volva:

Descenderá la aurora como antaño
más la palabra del presagio será cumplida.

Confirmará el nombre la cigüeña
después de fundar su canto.

Los ejes se vendrán abajo
cuando las necias estrategias de los mudos
exhalen sus últimos versos.

Devendrá la aurora en un canto nuevo
y el abismo caerá de bruces sobre todos.

Nadie estará a salvo de la noche
sólo los sin rostro alcanzarán el alba.

Entonces las hienas tendrán por fuerza
la carroña
y del viento prójimo emanará
el purificante llanto.

¿Solventará el silencio la palabra?

Sólo los audaces
conocerán el esperanto.

Abrevará la sangre
en silencios mutuos.

Revertirá la noche
        su dinamitero acorde,
y la incendiaría vértebra del auge
conducirá las notas del presagio.

Made in the USA
Columbia, SC
21 July 2022

63711034R00057